Aurelius Augustinus

Liebe und tu, was du willst

Aurelius Augustinus

Liebe
und tu, was du willst

Textauswahl von
Marianne Ligendza

Verlag Butzon & Bercker Kevelaer

Mitglied der »verlagsgruppe engagement«

CIP-Kurztitelaufnahme der Deutschen Bibliothek
Augustinus, Aurelius:
Liebe und tu, was du willst / Aurelius
Augustinus. Textausw. von Marianne Ligendza.
– Kevelaer: Butzon und Bercker, 1986. –
ISBN 3-7666-9470-7
NE: Ligendza, Marianne (Hrsg.)

ISBN 3 - 7666 - 9470 - 7

Umschlaggestaltung: Gerd Meussen.
Bild: Benozzo Gozzoli, Der hl. Augustinus beim Schreiben,
S. Agostino, San Gimignano (15. Jh.).

Inhalt

Vorwort

Vor 1600 Jahren – im Jahre 386 – geschah die Bekehrung des Aurelius Augustinus, ein spirituelles Ereignis, das bis in die heutige Zeit hinein strahlt und wirkt.
Das Leben dieses Mannes (354–430) ist faszinierend in seinem Facettenreichtum, exemplarisch in der Leidenschaftlichkeit und Wahrhaftigkeit der Suche: ein spannungsreiches Leben in einer Zeit des Umbruchs in allen Bereichen, der unseren in vielem ähnlich.
Es ist die Zeit der Völkerwanderung: Völker mit höchst ungleicher Mentalität teilen sich den gleichen Lebensraum; das mannigfache Angebot der verschiedenen Sekten, religiösen Gemeinschaften, des Heidentums und philosophischer Denkmodelle ist geradezu pluralistisch zu nennen. Der allmähliche Zerfall des römischen Reiches kulminiert in der Eroberung und Plünderung Roms durch die Westgoten (410). So erlebt Augustinus den Niedergang einer Kultur; doch eine neue dämmert bereits herauf. Die Weichen für die abendländische Kulturidee des christlichen Mittelalters sind gestellt: Unter Kaiser Konstantin erhält das Christentum Glaubensfreiheit (313), unter Theodosius wird es zur Staatsreligion (391); alle heidnischen Kulte werden verboten. Augustinus – intellektuell hochbegabt, mit schar-

fem Verstand ausgestattet, aber auch ein vitaler, leidenschaftlicher Mensch, der sich der Widersprüche seiner Natur bewußt war, ein Suchender. Stationen seines Lebens: Geboren in Tagaste in Numidien/Nordafrika (dem heutigen Algerien); Lehrer der Rhetorik, zunächst in Karthago, später in Rom und Mailand.

Auf der einen Seite durchaus den Verlockungen dieses Lebens nicht abgeneigt, liebt er Luxus und Vergnügungen, geht gern in Theater und Zirkus. Auf der anderen Seite jedoch ist er ein Gottsuchender von Anfang an. Schon früh treibt er philosophische Studien. Jahrelang gehört er der bedeutenden Bewegung der Manichäer an, einer Weltreligion der Spätantike, die weite Verbreitung gefunden hatte.

Eine Sehnsucht, eine große geistige Unruhe treibt ihn um, läßt ihn nach der Wahrheit, nach dem, was zutiefst letzten Halt gibt, suchen. Er fühlt sich zerrissen – und leidet daran – zwischen dem Streben nach dem „weltlichen" Leben: Karriere, Geld, ungehindertes Ausleben seiner Sinnlichkeit, und jenem Streben nach dem „vollkommenen Leben", das Verzicht und Askese bedeutet.

So ist er – in seinem 32. Lebensjahr – an seinem tiefsten Punkt angekommen, als er eben jene innere Wandlung erfährt, die als Bekehrungserlebnis in seine „Bekenntnisse" eingegangen ist, das erste autobiographische Buch der Weltliteratur, welches auf geradezu psychologisch-analy-

tische Weise feinfühlig und differenziert die innere Entwicklung eines Menschen schildert.
Wegweisend dabei war für ihn die Begegnung mit Ambrosius, dem Bischof von Mailand, einem engagierten, kämpferischen Mann, der sogar den Kaiser zurechtweist, aber auch voll menschlicher Güte ist und ein offenes Ohr für jeden hat. Nicht vergessen werden darf in diesem Zusammenhang auch die Beziehung zu seiner Mutter, Monika, überzeugte katholische Christin, die ihren Sohn zu keiner Zeit aufgegeben hat; für ihn betet; sich müht, auf ihn einzuwirken.
In der Osternacht des Jahres 387 wird er von Ambrosius getauft. Ein Jahr später kehrt er nach Nordafrika zurück, führt dort zusammen mit einigen Vertrauten ein klösterliches Leben des Studiums und der Askese. 391 wird er zum Priester, 395 zum Bischof von Hippo Regius geweiht, sehr gegen seinen Willen, da er, der Intellektuelle, das zurückgezogene Leben vorzieht. Doch er verläßt seinen „elfenbeinernen Turm“ und nimmt die Mühsal des Bischofsamtes auf sich: predigen, Recht sprechen, die Menschen mit ihren verschiedenen Anliegen anhören, an Disputen und Synoden teilnehmen. Er tut es mit großer Hingabe; wird von seinen Gläubigen geliebt.
Zahlreiche Schriften hat Augustinus hinterlassen; „Bekenntnisse“ und „Gottesstaat“ sind wohl jene, die am weitreichendsten gewirkt haben. Er setzte sich mit den verschiedensten theologi-

schen Strömungen seiner Zeit auseinander, war Zeitgenosse der bedeutendsten Kirchenväter. Er stirbt im Jahr 430, als die Vandalen die Stadt Hippo Regius belagern.
Durch sein ganzes Leben, sein ganzes Werk durchzieht sich leitmotivisch die große Erfahrung seines Lebens: die Liebe Gottes. Er erkennt sie als treibende Kraft im Menschen, die ihn zu Gott führt. „Liebe und tu, was du willst" – jener berühmte Satz wurde zum geflügelten Wort. In ihm enthalten ist in verdichteter Weise die Botschaft, die Augustins Leben für uns Heutige darstellt.
Aurelius Augustinus: ein modern anmutender Mensch, in dessen Leben wir uns wohl in mancherlei Hinsicht wiedererkennen.

I

„Unruhig ist unser Herz“

Gottes Friede: das selige Leben

Was lauft ihr immer nur eure Wege voll Mühsal und Beschwerden? Die Ruhe ist nicht da, wo ihr sie sucht. Das selige Leben sucht ihr in der Gegend des Todes; da ist es nicht.

Wie also soll ich dich, Herr, suchen? Denn wenn ich dich, meinen Gott, suche, dann suche ich das selige Leben. Suchen will ich dich, daß meine Seele lebe.

Da der Mensch, solange er in diesem sterblichen Körper weilt, fern von Gott pilgert, so wandelt er nach dem Glauben, nicht nach dem Schauen. Und darum zielt er auf jenen einen Frieden, der die sterblichen Menschen mit dem unsterblichen Gott verbindet.

Wie es keinen Menschen gibt, der sich nicht freuen wollte, so gibt es keinen, der nicht Frieden halten will. Denn jeder sucht ja durch den Krieg den Frieden und keiner durch den Frieden Krieg.

Wir sind noch nicht im Land der Lebenden, noch ist dies das Land der Sterbenden. Im Land der Sterbenden bist du meine Hoffnung, im Land der Lebenden mein Anteil.

Unruhig ist unser Herz, bis es in dir ruht; denn für dich hast du uns geschaffen.

Wer wird mir geben, daß ich Ruhe finde in dir? Wer wird mir geben, daß du in mein Herz kommst, damit ich das Böse in mir vergesse und dich, mein einziges Gut, umfange?

Als der Herr aus der Jungfrau geboren war, erklang die Stimme der Engel: „Ehre sei Gott in der Höhe und auf Erden Friede den Menschen seiner Gnade." Denn woher kommt der Friede auf Erden, wenn nicht durch Christus, der geboren wurde? „Denn er selbst ist unser Friede."

Der echte Friede des einzelnen ist nur mit Gott, hienieden im Glauben und drüben in der Ewigkeit im Schauen.

Es gibt ein Gut, das allein einfach und darum allein unwandelbar ist, und das ist Gott.

Sei nicht töricht, meine Seele! Laß dir das Herz nicht vom Lärm deiner Torheit betäuben.

Höre – das Wort ist's, das dich ruft: Kehre zurück! Und dort ist die Stätte reiner Ruhe; dort kann Liebe nie verlieren, wenn sie sich nicht selbst verliert.

Mir ist es gut, Gott anzuhangen, denn wenn ich nicht in ihm verharre, vermag ich auch nicht in mir selbst zu sein. Er aber bleibt in sich und macht alles neu.

Die Trägheit zieht es nach der Ruhe; wo aber wäre Ruhe ohne dich, den Herrn? Üppigkeit will Überfülle heißen; du aber bist unerschöpfliche Fülle.

Du hast gerufen und geschrien und meine Taubheit zerrissen; du hast geblitzt, geleuchtet und meine Blindheit verscheucht; ich habe gekostet, nun hungere und dürste ich; du hast mich berührt, und ich entbrannte nach deinem Frieden.

Das ist die Freude an dir, Gott, der du die Wahrheit bist: meine Erleuchtung, Heil meines Angesichtes, mein Gott! Dieses selige Leben wollen alle, dieses Leben, das allein das selige ist; Freude an der Wahrheit wollen alle.

Ich frage alle, ob sie mehr Freude an der Wahrheit oder an der Lüge haben: so unbedenklich sagen sie, daß ihnen die Wahrheit lieber sei, als sie unbedenklich sagen, sie wollten selig sein. Denn Freude an der Wahrheit ist seliges Leben.

Dies ist das selige Leben: sich zu freuen an dir, auf dich hin, um deinetwillen. Dies ist es und nichts anderes. Die aber etwas anderes dafür halten, drängen nach einer anderen Freude, die nicht die wahre ist.

Alle sind sich einig in dem Wunsch nach dem seligen Leben, ganz so wie sie einig sind bei der Frage, ob sie sich freuen wollen; ja, sie wollen es, und eben die Freude nennen sie das selige Leben. Mag der eine sie hier, der andere sie dort suchen, es ist nur eines, worauf das Trachten aller geht: sich zu freuen.

Wir hören die Mahnung, dem Herrn ein neues Lied zu singen. Der neue Mensch kennt das neue Lied. Das Lied ist eine Äußerung der Freude; und, wenn wir es recht bedenken, eine Äußerung der Liebe. Wer also das neue Leben zu lieben weiß, der weiß auch das neue Lied zu singen.

Der junge Augustinus ▷

Einmal werden wir selber der siebte Tag sein, wenn wir durch seinen Segen und seine Heiligung vollendet und neu geschaffen sind. Dann werden wir feiern und erkennen, daß nur er Gott ist. Neu geschaffen und durch die Größe der Gnade vollendet, werden wir ewig feiern und schauen, daß er alles in allem ist.

Dann wird die Freude groß und vollkommen sein, das Glück vollendet, wenn uns nicht mehr die Hoffnung mit Milch nährt, sondern die Wirklichkeit mit fester Speise. Aber auch schon jetzt, ehe die Wirklichkeit selbst zu uns kommt, noch ehe wir zu der Wirklichkeit kommen, wollen wir uns am Herrn freuen.

II

„Dein Sehnen ist dein Gebet“

Gott betend erfahren

Spät habe ich dich, die Schönheit, geliebt, ewig alt und ewig neu; spät habe ich dich geliebt. Und siehe, du warst innen, und ich war draußen, und da suchte ich nach dir.

Mir selbst ward ich zum großen Rätsel, und ich fragte meine Seele: Warum bist du traurig, und warum betrübst du mich? Und sie wußte mir keine Antwort. Und wenn ich sagte: „Hoffe auf Gott“, so tat sie nicht, wie ihr geheißen.

Wer den Herrn sucht, findet ihn, und wer ihn findet, wird ihn preisen. Herr, ich will dich suchen, indem ich dich anrufe. Ich will dich anrufen, indem ich an dich glaube; denn du wurdest uns verkündigt.

Sag mir, Herr, in deinem Erbarmen: Was bist du mir, mein Herr und mein Gott? Sprich zu mir: Deine Hilfe bin ich. Sprich so, daß ich es höre! Siehe, die Ohren meines Herzens sind vor dir; öffne sie, Herr, und sag zu mir: Deine

Hilfe bin ich. Ich will dem Klang deiner Stimme nacheilen und dich ergreifen.

Befiehl du und gebiete, was du willst, aber mache mein Ohr heil und öffne es, damit ich deine Worte höre. Mache meine Augen heil und öffne sie, damit ich deine Winke sehe. Nimm die Verblendung von mir, damit ich dich erkenne.

Herr, mein Glaube ruft dich an, der Glaube, den du mir gegeben, den du mir eingehaucht hast durch die Menschheit deines Sohnes, durch den Dienst deines Verkündigers.

Dein Sehnen ist dein Gebet, und wenn es ein ununterbrochenes Sehnen ist, dann ist es ein immerwährendes Gebet. Denn nicht umsonst sagt der Apostel: „Betet, ohne nachzulassen."

Wie brannte ich, mein Gott, wie brannte ich, aufzufliegen vom Irdischen zu dir, und ich wußte nicht, was du mit mir wolltest.

Wenn du in Not bist, verfügst du nicht über das, was du suchst; aber er, den du suchst, ist dir nahe. Suche ihn, der nie fern sein kann. Was er gegeben hat, kann dir entzogen werden; aber er, der es gab, wird er dir je entzogen?

Wie soll ich meinen Gott anrufen, meinen Gott und Herren? Sicher rufe ich ihn zu mir herein, wenn ich ihn anrufe.

In deinem Innern bete! Aber sei zuerst ein Tempel Gottes; denn in seinem Tempel erhört er den Beter.

Gott der Heerscharen, kehr uns zu dir, zeig uns dein Antlitz, und wir werden heil. Denn wohin sich die Seele des Menschen auch wendet, ohne dich zu haben, sie haftet dem Schmerze an, mag sie – außer dir und außer ihr – an den schönsten Dingen haften.

Gut ist es, sein Herz zu erheben, jedoch nicht zu sich selbst, was reine Hoffart ist, sondern zum Herrn, was durch den Gehorsam geschieht, dessen nur die Demütigen fähig sind.

Wollt ihr jetzt, da das Leben hinabgestiegen ist zu euch, nicht aufsteigen zu ihm und leben?

Wenn du, Gott, dich auf uns ergießest, so läßt du dich nicht nieder, sondern du erhebst uns; nicht du verstreust dich, du sammelst vielmehr uns zu dir.

Weder schauen wir jetzt schon unser Zielgut, das wir durch den Glauben suchen müssen, noch können wir aus uns selbst gut leben. Den Gläubigen und Betenden muß der zu Hilfe kommen, der uns den Glauben und das Vertrauen auf seine Hilfe selbst verliehen hat.

Gott, der du der Gründer des Alls bist, gib mir vor allem, daß ich recht zu dir bete. Dann laß mich in meinem Tun würdig werden, daß du mich erhörest. Und endlich laß mich in dir die Freiheit finden.

Seitdem ich dich kennenlernte, habe ich dich nicht vergessen. Und wo ich Wahrheit fand, da fand ich meinen Gott, die Wahrheit selbst; und seit ich Wahrheit kennenlernte, habe ich sie nicht vergessen.

Du bist die Wahrheit, die über allem thront.

Dich allein liebe ich, dir allein folge ich, dich allein suche ich, dir allein will ich dienen, weil du allein das Recht hast, Herr zu sein, und ich keinem anderen Rechte unterstehen will.

Was frage ich hier nach einem Ort, wo du wohnst, als wäre da Raum und Ort! Genug, daß ich weiß, du bist darin; denn ich bewahre dich im Geiste seit dem Tage, da ich dich kennenlernte, und ich finde dich dort, wenn ich an dich denke.

Die heutige Landschaft bei Tagaste

Wo wohnst du in mir, wo wohnst du dort, Herr? Welche Kammer hast du dir bereitet? Welche heilige Zelle hast du dir erbaut? Du hast diese Ehre meinem Innern angetan, um darin zu wohnen; aber an welcher Stelle du dort wohnst, darüber sinne ich jetzt nach.

Da sagt einer: Ich bin in der Welt. Natürlich, wenn ich mich freue, freue ich mich da, wo ich bin. Was denn? Weil du in der Welt bist, bist du nicht in Gott? Der überall ist, wo wäre der nicht?

Siehe, die Dinge schwinden, und andere kommen nach, und so kommt Teil für Teil das Irdische zu seinem Ganzen. „Und wohin gehe ich?" so spricht das Wort, das Gott ist. Dort schlag deine Wohnung auf, dort gib hin, was du von dort hast, meine Seele.

Was an Schönem aus der Seele in die Hand des Künstlers fließt, das kommt von jener Schönheit, die über unseren Seelen ist, nach der sich meine Seele Tag und Nacht seufzend sehnt.

Ich wäre nicht, mein Gott, ich wäre ganz und gar nicht, wärest du nicht in mir.

III

„Das Irdische, von der Sünde verwundet“

Versöhnung mit Gott

Du, Herr, mein Gott, schau auf mich und erhöre mich. Sieh mich an, erbarme dich meiner und heile mich. In deinen Augen bin ich mir selbst ein Rätsel geworden. Und das ist meine Krankheit.

Wer hat mich denn erschaffen? War's nicht mein Gott, der nicht nur gut, nein, der das Gute selbst ist? Woher nur kommt es mir, daß ich das Böse will, das Gute nicht will?

Nicht auf das hin zu leben, wohin man zu leben geschaffen ist: das ist Lüge.

Die Menschen, die lieber im falschen Kreis, statt auf dem wahren und geraden Wege gehen wollen, irren darin am meisten, daß sie den göttlichen Geist, den wandellosen, am engen, wandelbaren Menschengeist messen.

Im Geheimen begann bei den ersten Menschen die Bosheit, um dann in offenem

Ungehorsam auszubrechen. Denn es geschähe kein böses Werk, wenn nicht ein böser Wille voranginge. Was anders aber als Stolz kann der Beginn eines bösen Werkes sein?

Es liegt sehr viel daran, welchen Willen der Mensch hat. Denn wenn sein Wille verkehrt ist, werden auch die Regungen seines Willens verkehrt sein; ist aber sein Wille gerade, dann werden sie nicht nur unsträflich, sondern löblich sein.

Die Wirkursache des bösen Willens liegt nicht im Sein, sondern im Nichtsein; wie ja auch der böse Wille nicht ein Schaffen ist, sondern ein Erschlaffen.

Was ist die Begierlichkeit und die Freude anders als ein Wille, der den Dingen beistimmt, die wir wollen? Und was ist auch die Furcht und die Traurigkeit anders als ein Wille, der die Dinge mißbilligt, die wir nicht wollen?

Schlimm und verdammenswürdig ist die Hoffart, womit man selbst in offenbaren Sünden den Schutzmantel der Entschuldigung sucht, wie es die ersten Menschen getan haben, von denen der eine sprach: „Die Schlange hat mich verführt", der andere: „Die Frau gab mir die Frucht vom Baum."

Es genügt, wenn der Reichtum dem Menschen nicht im Weg ist; denn nützen kann er ihm nichts. Wenn der Reiche so in sich selbst alles verachtet, wovon sein Hochmut zu kommen pflegt, dann ist er ein Armer Gottes. Gott wendet ihm sein Ohr zu; denn er weiß, daß sein Herz zerknirscht ist.

Falsch ist die Erhabenheit der Seele, wenn sie jenen Urgrund verläßt, dem sie anhangen soll, und so ihr eigener Urgrund werden und sein will.

Wer Gott verläßt und in sich selbst ist, das heißt an sich selbst Gefallen hat, der ist dadurch nicht Nichts, aber er nähert sich dem Nichts.

Indem der Mensch sich selbst gefällt, als wäre er sein eigenes Licht, kehrt er sich von jenem Lichte ab, durch das er selbst zum Licht würde. So hegt er das Übel erst im Verborgenen, bevor er zu dem Übel übergeht.

Heilsamer waren dem Petrus seine Tränen, in denen er sich selbst mißfiel, als seine Vermessenheit, worin er sich gefallen hatte.

Inmitten der Niedrigen baut Gott aus dem Lehm unserer Menschlichkeit sein armes Haus, daß es uns zu sich hinüberziehe und die niederbeuge, die sich beugen sollen, die Hoffart heilend und die Liebe nährend.

Die nicht hochmütig gesinnt sind, sind arm bei Gott. Sie wissen, daß ihre Hoffnung nicht auf Gold und Silber beruht und nicht auf den Dingen, die auf Zeit im Überfluß um sie herum sind.

Christus erniedrigte sich. Da hast du etwas, woran du dich halten kannst. Christus ist gehorsam geworden. Wieso bist du stolz?

Gedemütigt hast du meinen Stolz in deiner Furcht, und meinen Nacken hast du deinem Joch unterworfen. Nun trage ich das Joch und trag es leicht. Denn so hast du es mir versprochen. Und so war es schon immer, und ich wußte es nicht, da ich mich fürchtete, es auf mich zu nehmen.

„Bedürftig bin ich und arm“, doch besser, wenn ich unter stillem Seufzen mir mißfalle und um dein Erbarmen flehe, bis ich von allen Sünden frei werde zur Vollkommenheit, zu jenem Frieden, den das Auge des Stolzen nie erblickt.

Augustinus liest die Briefe des heiligen Paulus („Nimm und lies!“) ▷

Sind es nicht winzig kleine und verachtenswerte Dinge, die täglich unsere Neugier in Versuchung bringen? Und wie oft wir fallen, wer zählt's.

Erbarme dich meiner, Herr! Es streiten meine bösen Traurigkeiten noch mit guten Freuden, und wo der Sieg sein wird, weiß ich nicht. Erbarme dich meiner, Herr!

Aller Torheit Torheit und aller Eitelkeiten Eitelkeit hielten mich zurück und zupften mich am Kleide meines Fleisches und flüsterten mir zu: Willst du uns wegschicken? Dann werden wir von heut an nimmer bei dir sein. Du darfst von heute an dies und jenes nimmer tun, in Ewigkeiten nimmer! Und ach, was war's, das sie mit diesem „Dies und Jenes" in meine Seele bliesen, du mein Gott! Was war's?

Das ist der härteste und bitterste Krieg, bei dem der Wille der Leidenschaft und die Leidenschaft dem Willen so entgegen ist, daß das Ende der Feindschaft für keinen einen Sieg bringt.

Menschen, die keine Hoffnung haben, achten nicht auf ihre eigene Sünde, um so mehr aber auf die Sünde der anderen. Sie sind nicht auf der Suche nach dem, was sie bessern, sondern nach dem, was sie verwunden können. Weil sie sich nicht entschuldigen können, sind sie bereit, andere zu beschuldigen.

Du, o Herr, vermagst mit gütig aufgelegter Hand die Dornen der Begier zu brechen, die keinen Platz in deinem Paradies hatten. Denn deine Allmacht ist nicht fern von uns, sind wir auch fern von dir.

Tagtäglich, Herr, werden wir versucht, ohne Unterlaß werden wir versucht. Und was uns täglich prüft am Feuerherd der Läuterung, das ist des Menschen Zunge. Auch hierin forderst du von uns Enthaltsamkeit. Herr, gib uns, was du forderst, dann fordere, was du willst.

Die Worte, die aus unserem Munde kommen, und die Taten, die die Welt erfährt, schließen die gefährlichste Versuchung in sich: daß wir das Lob lieben und uns Beifall erbetteln, um uns vor den anderen im Glanz zu zeigen.

Wer mehr verlangt, als er soll, der wird weniger, als er war; denn wer sich selbst genügt, trennt sich von dem, der ihm wahrhaft genügen würde.

Alles, über was wir richten, steht unter uns. Was unter dem geistlichen Menschen steht, wird mit Recht „Erde“ genannt, weil das Irdische von der Sünde verwundet ist.

Keine Natur ist durchaus böse, und das Böse selbst ist nichts als ein Beraubtsein des Guten.

Ich rechte nicht mit dir, der du die Wahrheit bist, und ich will nicht mein eigener Betrüger sein, auf daß nicht meine Sünde sich selbst belüge. Darum also rechte ich nicht mit dir. Denn „wenn du auf die Sünde sehen wolltest, Herr: Herr, wer könnte da bestehen?“

Da geschrieben steht: „Alle Wege Gottes sind Barmherzigkeit und Wahrheit“, kann nicht ungerecht seine Gnade und nicht grausam seine Gerechtigkeit sein.

Denk dir, Gott will dich mit Honig anfüllen. Wenn du voll Essig bist, wohin willst du den Honig tun? Du mußt ausschütten, was in dem Gefäß war. Das Gefäß selbst mußt du reinigen. Du mußt es reinigen, wenn es auch ein mühevolles Scheuern braucht, bis es sich für alles eignet.

Das ist unser Leben, daß wir durch Sehnsucht zur Reife kommen. So weit reifen wir in heiligem Verlangen, wie wir unser Sehnen von der Liebe zur Welt lösen. Ich habe es schon einmal gesagt, ausgehend von der Leere, die wir auszufüllen haben: Voll des Guten sollst du werden, das Böse schütte weg!

Wenn du einen Behälter füllen willst und du weißt, wie groß die erwartete Gabe ist, dehnst du die Rundung des Sackes oder Schlauches. Du weißt, wieviel du hineintun mußt, und siehst, daß der Hohlraum eng ist. Du weitest ihn, damit er mehr faßt. So weitet Gott die Seele durch das Verlangen, und indem er sie weitet, macht er sie aufnahmefähiger.

Wenn ich erst mit meinem ganzen Wesen dir anhange, dann wird mir nirgends Schmerz sein und Mühe, und mein Leben, ganz voll von dir, wird erst lebendiges Leben sein. Wen du erfüllst, den richtest du auf.

Gar jämmerlich umschlingen mich die Fesseln, du aber machst mich los in deinem gnädigen Erbarmen, und oft geschieht es, ohne daß ich's merke; denn unbedacht fiel ich hinein, oft auch geschieht's mit Schmerzen, weil ich schon angefangen habe, daran zu hangen.

Unser Leben kann auf dieser Pilgerschaft nicht ohne Anfechtung sein; denn unser Fortschreiten braucht die Anfechtung. Niemand erkennt sich selbst, der nicht versucht wird.

Keiner wird gekrönt, wenn er nicht siegt. Er kann nicht siegen, wenn er nicht kämpft; und er kann nicht kämpfen, wenn er keinen Feind und keine Anfechtung hat.

Keiner hat gerne, was er tragen muß, auch wenn er es gerne trägt. Denn selbst wenn er am Tragen Freude hätte, so wollte er doch lieber, daß er es nicht tragen muß. Im Unglück ersehne ich das Glück, im Glück bin ich in Furcht vor Unglück. Wo ist dazwischen die goldene Mitte, wo das Menschenleben nicht Versuchung wäre?

Das Böse wird nicht dadurch fortgeschafft, daß eine neue Natur hinzuträte oder etwas von der Natur weggenommen würde, sondern dadurch, daß eine schlecht gemachte und verdorbene Natur geheilt und gebessert wird.

Wohl gibt es Dunkelheit in mir, die ich beklagen muß; und sie verbirgt mir oft eine Kraft, die in mir ist. Wenn die Seele dann sich selbst nach ihren eigenen Kräften fragt, so glaubt sie sich nicht gern und leicht; denn auch das, was in ihr ist, bleibt gar oft im Dunkeln, bis die Erfahrung es ans Licht bringt.

Gib der Wahrheit hin, was du von der Wahrheit hast, und nichts, was du birgst, wird verloren sein. Und wieder blühen wird, was krank an dir, und genesen, was ermattet ist.

Groß ist meine Schwachheit, doch größer noch sind deine Mittel, sie zu heilen. Wir hätten glauben können, dein Wort sei weit von den Menschen, und hätten so an uns verzweifeln können, wenn es nicht Fleisch geworden wäre und unter uns wohnte.

In allem, was ich suchend durchlaufe, finde ich für meine Seele keinen sicheren Ort als nur in dir; du weißt zu sammeln, was ich zerstreut, und du willst nicht, daß sich einer weg von ihm verirre.

Was soll ich von der Tugend der Klugheit sagen? Sie unterscheidet mit ihrer ganzen Wachsamkeit das Gute vom Bösen, damit sie im Verlangen nach dem ersten und in der Vermeidung des letzteren keinen Fehler begeht.

Willst du mit Gott versöhnt werden? Erkenne, was du mit dir machen mußt, um Gott mit dir zu versöhnen.

Ich weiß gar wohl, daß ich vor neuen Wunden nimmer sicher bin, wenn du mir auch die alten immer wieder heilest.

Wir wagen ganz und gar nicht zu behaupten, daß wir ein gutes Leben führen. Lobenswert ist am Leben nur die Bitte um Vergebung.

Der Mensch wird nur des Guten wegen gelobt, das du ihm gegeben hast.

Meine ganze Hoffnung ist nur in deinem großen Erbarmen. Gib, was du verlangst, dann verlange, was du willst.

Gott zu verlassen, ist Tod; ihn wieder aufzusuchen, Neugeburt; in ihm zu wohnen, Leben.

Was stehst du auf dir selbst und stehst doch nicht? Wirf dich auf ihn! Er wird nicht weichen und dich nicht fallen lassen. Nein, wirf dich ruhig auf ihn; er fängt dich auf.

Es wird dir nicht gesagt: Gib dir Mühe, daß du den Weg findest, auf dem du zu Wahrheit und Leben gelangst. Du Fauler, steh auf! Der Weg kommt selbst zu dir und weckt dich aus dem Schlaf! Wenn er dich nur wach machen kann! Steh auf und gehe!

IV

„Für dich ist Gott Mensch geworden“

Christus: Mittler zwischen Gott und Menschen

Für dich ist Gott Mensch geworden. Auf ewig wärst du tot, wenn er nicht in der Zeit geboren wäre. Nie wärst du vom Fleisch, das der Sünde unterworfen ist, befreit worden, wenn er nicht die Gestalt des Fleisches angenommen hätte. Dem ewigen Unglück wärst du anheimgefallen, wenn diese Tat der Barmherzigkeit nicht geschehen wäre.

Wir glauben fest und bekennen treu, daß der Vater das Wort erzeugte, nämlich die Weisheit, durch die alle Dinge geschaffen sind: seinen eingeborenen Sohn, der Eine den Einen, der Ewige den Mit-Ewigen, der höchste Gute den gleich Guten.

Wie hast du uns geliebt, du gütiger Vater, „der du des eigenen Sohnes nicht geschont hast, sondern ihn um unsertwillen den Sündern übergabst“. Wie hast du uns geliebt, da er, „der es nicht für Raub hielt, dir zu gleichen, um unsertwillen gehorsam wurde bis zum Tod des

Kreuzes“! Und er allein, „frei unter Toten“, hat die „Macht, sein Leben hinzugeben, und er hat die Macht, es wieder zu nehmen“.

Der einzige, gegen alles Abirren völlig sichernde Weg ist: Jesus ist Gott und zugleich auch Mensch; als Gott das Ziel, wohin wir gehen, als Mensch der Weg, durch den wir gehen.

Vielleicht könnte einer unter dem „Wort des Lebens“ ein Wort über Christus verstehen und nicht den Leib Christi. Aber seht, was im Text folgt: „Das Leben ist erschienen.“ Christus selbst ist also das Wort des Lebens.

Man sah das „Wort des Lebens“ mit den Augen, damit das Herz gesundete. Nur mit dem Herzen sieht man das Wort. Das Fleisch dagegen sieht man mit den leiblichen Augen. Es gab eine Möglichkeit, das Wort zu schauen: Das Wort ist Fleisch geworden. So sollte in uns das Herz geheilt werden, mit dem wir das Wort zu sehen vermögen.

Christus steigt vom Himmel herab aus Erbarmen. Niemand steigt auf als er, weil auch wir durch die Gnade in ihm sind. Insofern stieg nur Christus herab, und nur er steigt auf.

Der Mensch fiel, aber Gott stieg herab. Erbärmlich fiel der Mensch, aber voll Erbarmen kam Gott hernieder. Der Mensch fiel durch Stolz, Gott aber kam herab mit Gnade.

Jesus verließ den Himmel nicht, als er von dort herabstieg; auch von uns ist er nicht weggegangen, als er wieder zum Himmel zurückkehrte. Das ist wegen der Einheit gesagt, weil er unser Haupt ist und wir sein Leib.

Der einzige Sohn Gottes sollte zu den Menschen kommen und den Menschen annehmen. Durch das, was er annahm, sollte er Mensch werden, sterben, auferstehen, in den Himmel aufsteigen, zur Rechten des Vaters sitzen und an den Völkern seine Verheißung erfüllen.

Der Mittler zwischen Gott und den Menschen muß haben, was ihn Gott und was ihn auch den Menschen ähnlich macht. Denn wäre er nur den Menschen ähnlich, dann wäre er weit von Gott, und wäre er nur Gott ähnlich, dann wäre er weit von den Menschen und könnte so nicht Mittler sein.

Der Mittler wurde den alten Heiligen gezeigt, damit sie gerettet würden durch den Glauben an sein künftiges, wie wir gerettet werden sollen durch den Glauben an sein vergangenes

Leiden. Denn wie er Mensch ist, ist er unser Mittler; doch wie er Wort ist, ist er nicht Mittler, sondern Gott gleich, Gott bei Gott, ein einziger Gott zusamt dem Heiligen Geist.

Vordem wucherte bei den Menschen das Alte. Nun aber kam er, der seine Schöpfung erneuert. Er kam, um sein Silber zu schmelzen und seine Münze zu prägen.

Wenn wir die Erhabenheit und Gottheit Jesu betrachten, diese höchste, alle Geschöpfe übersteigende Größe des Sohnes Gottes, so hören wir ihn doch auch in Teilen der Heiligen Schrift stöhnen, beten und bekennen.

Der einzige Sohn Gottes wurde Menschensohn und machte viele Söhne der Menschen zu Söhnen Gottes. Er nährt die Knechte durch die sichtbare Knechtgestalt und macht sie frei, so daß sie die Gottesgestalt sehen können.

Jesus ging und, siehe, er ist da. Nicht lange wollte er bei uns sein, doch er hat uns nicht verlassen. Dorthin schied er, von wo er nie geschieden ist; denn diese Welt ist durch ihn gemacht, und er war in dieser Welt, und er kam in diese Welt, die Sünder heil zu machen.

Augustinus (vor der Kanzel stehend) hört Ambrosius, den Bischof von Mailand

Welche Gnade Gottes könnte für uns größer und einleuchtender sein als die, daß er seinen einzigen Sohn zum Menschensohn und den Menschen zum Gottessohn machte?

Da die Stimme (Johannes) das Wort (Jesus) zu dir gebracht hat, sagt sie dir dann nicht selbst: „Jener muß wachsen, ich aber geringer werden“? Laßt uns das Wort festhalten!

Es ist schwierig, das Wort (Jesus) von der Stimme (Johannes) zu unterscheiden. Darum wurde Johannes selbst für den Messias gehalten. „Ebnet den Weg des Herrn“, sagte die Stimme, als wollte sie sagen: Deswegen erklinge ich, um ihn in das Herz einzuführen. Aber wenn ihr den Weg nicht ebnet, will er nicht eintreten.

„Ebnet den Weg“ bedeutet: Seid demütig, nehmt euch ein Beispiel an seiner Demut. Man hält ihn für den Messias, aber er sagt: Ich bin nicht das, wofür man mich hält; und er nimmt nicht aus Stolz den Irrtum der anderen an.

Siehe, seine Hände und Füße waren fest angenagelt, seine am Kreuz hängenden Knochen gezählt, über sein Gewand hatten sie das Los geworfen. Siehe, er herrscht, den sie da hängen sahen. Siehe, er thront im Himmel, den sie verachtet hatten, als er noch auf der Erde lebte.

Jesus: Der Erhabene wurde erniedrigt, der Erniedrigte getötet, der Getötete auferweckt und erhöht, um uns Gestorbene nicht in der

Welt des Todes zu lassen, sondern uns bei der Auferstehung der Toten in seiner eigenen Person zu erhöhen.

Von unserer Seite gingen keine Verdienste voraus, daß der Sohn Gottes für uns starb. Die Barmherzigkeit war gerade deswegen so groß, weil es keine Verdienste gab.

Er, unser Leben, kam herab zu uns, und er hat unseren Tod getragen und ihn getötet aus der Überfülle seines Lebens.

Als sich der Tag schon dem Abend zuneigte, gab der Herr sein Leben am Kreuz hin, um es wieder zu nehmen. Er verlor es nicht gegen seinen Willen. Dort waren auch wir symbolisch vertreten. Denn was von ihm am Holz hing, war doch nichts anderes, als was er von uns angenommen hatte.

Er säumte nicht, er rief mit Wort und Tat; Tod und Leben, Höllenfahrt und Himmelfahrt riefen uns, wir sollten zurück zu ihm. Und er schied von unseren Augen, damit wir ins eigene Herz zurückkehren und ihn dort finden.

Als Jesus starb, tötete er sofort in sich den Tod; wir werden erst in seinem Tod vom Tod befreit. Sein Fleisch sah die Verwesung nicht.

Das unsrige wird erst nach der Verwesung am Ende der Welt durch ihn die Unverweslichkeit anziehen. Er brauchte uns nicht, um uns zu retten, wir dagegen können nichts tun ohne ihn.

In dem Leib, in dem Christus gestorben, auferstanden und in den Himmel aufgefahren ist, wollte er uns ein Urbild errichten – uns, das heißt: seinen mystischen Leib –, um den Gliedern Mut zu machen. Sie sollen ihm dahin folgen, wohin er ihnen vorausgegangen ist.

Dies ist das Opfer der Christen: „die Vielen, ein Leib in Christus". Das feiert die Kirche auch in dem Sakrament des Altares. Hier erfährt die Kirche, daß sie in der Gabe, die sie darbringt, selbst dargebracht wird.

Für uns ist Jesus vor deinen Augen Sieger geworden und Opfer, und darum Sieger, weil er Opfer wurde. Für uns ist er vor deinen Augen Priester geworden und Geopferter; und darum Priester, weil Geopferter. Aus dir geboren und dir dennoch dienend hat er uns aus Dienenden zu deinen Kindern gemacht.

Unser Herr Jesus Christus wird kommen. Dann werden angesichts eines solchen Tages keine Lampen mehr nötig sein. Dann wird uns kein Prophet mehr vorgelesen und kein

Apostelbuch mehr aufgeschlagen werden. Wir werden nicht einmal die Evangelien brauchen. Überflüssig wird die ganze Heilige Schrift, die uns in der Nacht dieser Welt als Lampe angezündet wurde, damit wir nicht im Finstern bleiben.

Gott hat das Evangelium auf dem ganzen Erdkreis verbreitet, und alle sollen davon trinken, ein jeder nach dem Maß seiner Befähigung.

Was wäre das für eine Liebe zu Christus, wenn wir sein Kommen fürchteten! Werden wir nicht rot? Wir lieben und fürchten, daß er kommt. Lieben wir ihn denn wirklich, oder lieben wir unsere Sünden mehr? Wir wollen also die Sünde hassen und Christus lieben.

Er, der Einziggeborene, ist uns zur Weisheit und zur Gerechtigkeit und zur Heilung geworden; und gezählt wurde er zu uns.

Auch auf dem Wasser dieser Welt, auch in den Fluten sind wir sicher. Möge Christus nicht schlafen, nicht möge schlafen der Glaube. Wir wollen ihn wecken, wenn er schläft.

Die Gläubigen kennen den Leib Christi, wenn sie daran denken, daß sie der Leib Christi sind. Sie sollen Leib Christi sein, wenn sie vom Geist

Christi leben wollen. Vom Geist Christi lebt nur der Leib Christi.

So tu ich gut, mein starkes Hoffen ganz auf Jesus zu setzen, denn durch ihn nur wirst du alle meine Schwachheit heilen, durch ihn, der „sitzt zu deiner Rechten und für uns bittet". Sonst müßte ich verzweifeln ohne Hoffnung.

Zuerst sagt Jesus, wie du hingelangst, nachher erst, wohin du kommst: Ich bin der Weg, ich die Wahrheit, ich das Leben. Ich bleibe beim Vater Wahrheit und Leben. Ich nahm Fleisch an, und so bin ich der Weg.

Wir beten zu Jesus, durch ihn und in ihm. Wir sprechen mit ihm zusammen und er mit uns.

Wir wollen tun, was Christus gebietet. Es wäre sonst unverschämt zu verlangen, was er versprochen hat. Wir wollen die Fußfesseln lösen, die uns an der Nachfolge hindern.

Es war Gott zu wenig, seinen Sohn zum Wegweiser zu machen; er machte ihn zum Weg, damit er dich beim Gehen leitet.

Wenn der Dichter Vergil sagen kann: „Einen jeden zieht seine Lust", nicht der Zwang, sondern die Lust, nicht die Pflicht, sondern die

Freude, mit wieviel mehr Recht dürfen wir sagen, daß der Mensch auf Christus hin bewegt wird, wenn er sich an der Wahrheit freut, an der Seligkeit, an der Gerechtigkeit und am ewigen Leben. Denn das alles ist Christus.

Das ist das Abendopfer: das Leiden des Herrn, sein Kreuz, die Gabe, dargebracht zu unserem Heil, das Opfer, das Gott wohlgefiel. Dieses Abendopfer machte er in seiner Auferstehung zum Morgenopfer. Alle, die glauben, sollen sich dieses Opfers erfreuen.

Christus sitzt zur Rechten Gottes. Der Sohn ist im Verborgenen zur Rechten des Vaters. Laßt uns glauben!

V

„Durch ein gutes Leben ändert ihr die Zeiten“

Was der Christ tun soll

Im Hören ist Aussaat Gottes. Tun ist die Frucht aus dem Samen.

Die Weisheit schenkt Freude. Aber zuerst mußt du deine Pflicht erfüllen, dann erst darfst du Lohn beanspruchen.

Denkt immer daran, daß man Gott und den Nächsten lieben soll: Gott aus ganzem Herzen, aus ganzer Seele und mit dem ganzen Denken, den Nächsten wie sich selbst. Daran muß man immer denken. Man muß es bedenken, vollbringen, erfüllen.

Wir sind zwar noch nicht bei Gott angelangt. Aber wir haben den Nächsten bei uns. Trag ihn, mit dem du gehst, um zu dem zu gelangen, bei dem du ewig zu bleiben verlangst.

Jener Mensch, den die Räuber halbtot liegen ließen, über den der Priester und der Levit hinwegsahen, als sie vorübergingen, er, zu dem der vorüberkommende Samariter hintrat, um ihm Hilfe zu leisten; er ist das ganze Menschengeschlecht.

Wir sollen die Werke der Barmherzigkeit üben, damit wir vom Elend befreit und dadurch glücklich werden, aus keinem anderen Grund. Das geschieht aber nur durch das Gut, von dem es heißt: „Gott zu nahen ist mein Gut."

Eine Familie, deren Glieder nicht aus dem Glauben leben, trachtet nach dem irdischen Frieden im Begehren nach den Dingen und Vorteilen, die das zeitliche Leben bietet; eine Familie von Menschen, die aus dem Glauben leben, erhofft sich dagegen die ewigen Dinge, die für die Zukunft verheißen sind.

Was soll der Christ tun? Die Welt gebrauchen, aber der Welt nicht dienen. Was heißt das? Haben, als hätten sie nicht? Wer ohne Sorgen ist, der erwartet ohne Furcht das Kommen unseres Herrn.

Die Kirche kennt zwei Leben, die ihr von Gott verkündet und empfohlen sind: das Leben des Glaubens ist durch den Apostel Petrus dargestellt, das Leben des Schauens durch Johannes. Darum wird dem einen gesagt: „Folge mir!";

über den anderen aber: „Wenn ich will, daß er bis zu meinem Kommen hier bleibt, was kümmerst du dich darum?" Die vollendete Tätigkeit soll mir folgen, geformt durch das Beispiel meines Leidens; die begonnene Schau aber soll bleiben, bis ich komme, dann wird sie vollendet.

Wenn die Gaben nicht fehlen, ist es Trost von Gott. Er tröstet uns auf dem Weg; nur müssen wir uns bewußt sein, daß wir auf dem Weg sind. Denn dieses ganze Leben und alles, was du gebrauchst, soll eine Hütte dem Wanderer sein, nicht ein Haus dem Bewohner.

Hilft dir Gott in zeitlicher Not durch einen Menschen: dein Heil ist doch er! Durch einen Engel kommt Gott zu Hilfe: das Heil ist er selbst. Er gibt Hilfe für dieses zeitliche Leben, dem einen so, dem anderen so. Aber das ewige Leben gibt er aus dem Eigenen.

Bedenke: Ein Stück des Weges liegt hinter dir, ein anderes Stück hast du noch vor dir. Wenn du verweilst, dann nur, um dich zu stärken, nicht aber um aufzugeben.

Wir sollen die zeitlichen Dinge mehr benützen als genießen, auf daß wir die ewigen zu genießen verdienen. Und nimmer sollen wir es den verkehrten Menschen nachtun, die das Geld genießen, Gott aber benützen wollen, denn nicht Gottes wegen geben sie Geld aus, sondern des Geldes wegen verehren sie Gott.

Wenn du einen barmherzigen Richter wünschst, sei selbst barmherzig, ehe er kommt. Vergib, wenn jemand etwas gegen dich begangen hat, gib aus deiner Fülle! Von wem stammt das, was du gibst? Doch von ihm! Gäbst du vom Deinigen, wäre es Freigebigkeit. Wenn du aber von dem gibst, was ihm gehört, ist es Rückerstattung.

Das sind die Gaben, die dem Herrn am liebsten sind: Barmherzigkeit, Demut, Bekenntnis, Friede, Liebe. Diese Gaben wollen wir bringen. Dann werden wir ohne Furcht die Ankunft des Richters erwarten dürfen.

Dem Armen und Gebeugten wendet Gott sein Ohr zu, das heißt dem, der demütig ist und bekennt, dem, der Barmherzigkeit braucht, nicht dem, der satt ist, sich rühmt und prahlt, als fehle ihm nichts.

Der Herr versammelt die Auserwählten bei sich, um Gericht zu halten. Die übrigen trennt er voneinander. Was wäre billiger und was wahrhaftiger, daß niemand vom Herrn Barmherzigkeit erwarten darf, der selbst keine Barmherzigkeit üben wollte, bevor der Richter kam? Wer aber Barmherzigkeit zu üben bereit war, der wird mit Barmherzigkeit gerichtet.

Nicht dann wird ein Mensch gut genannt, wenn er das Gute kennt, sondern wenn er es liebt. Warum sollen wir also nicht in uns selbst die Liebe lieben, wodurch wir alles Gute lieben, das wir lieben?

Wir suchen unseren Ruhm nicht bei denen, denen wir gerne gefallen möchten. Wir dürfen nicht unseren Ruhm suchen, sondern ihr Heil. Wir müssen ein gutes Leben führen, damit sie nicht in die Irre gehen, wenn sie uns nachfolgen. Sie sollen uns nachahmen, wenn wir Nachahmer Christi sind.

Wenn wir wirklich lieben, dann wollen wir auch nachahmen. Denn eine bessere Frucht der Liebe können wir nicht bieten als das Beispiel der Nachahmung.

Der heilige Kirchenvater Augustinus ▷

Selig, der dich liebt und den Freund in dir und den Feind um deinetwillen. Er allein verliert keinen, der ihm lieb ist; denn alle Lieben sind bei ihm in dem, der nie verloren geht. Und das bist du allein, unser Gott.

In Gott liebe die Seelen, reiße sie – so viele du kannst – mit dir fort zu ihm und sprich zu ihnen: Ihn lasset uns lieben, er hat dies alles geschaffen und ist nicht fern davon.

Eine Gott dienende Seele gebietet recht dem Leib, und in der Seele selbst gebietet eine Gott dem Herrn ergebene Vernunft der Begierde und den anderen Leidenschaften. Wo also ein Mensch nicht dient, was kann in ihm noch für Gerechtigkeit gelten?

Wenn du niemals aufhörst, fromm zu leben, schweigt zwar dein Mund, aber dein Leben ruft laut, und Gott hat sein Ohr an deinem Herzen.

Wenn der Mensch nach der Wahrheit lebt, dann lebt er nicht nach sich, sondern nach Gott. Denn Gott hat gesagt: „Ich bin die Wahrheit."

Viele gibt es unter den Menschen, die teil an der Weisheit haben. Sie werden Weise genannt. Viele, die sie nicht haben, nennt man Toren. Wenn man sie aus diesem Grund Toren nennt, so geschieht es zu Unrecht; denn wenn sie sich um Weisheit bemühen und um sie beten, wenn sie suchen und anklopfen, können sie ihrer teilhaft werden. Nicht der Natur wird sie verweigert, sondern der Nachlässigkeit.

Wir stellen fest, daß die ganze Erde voll ist von Christen, die an Gott glauben, die sich von ihrer alten Unreinheit abgewendet haben, die sich von der früheren Hoffnung hingewendet haben zur Hoffnung auf die neue Welt. Sie ist noch nicht da in ihrer Wirklichkeit, doch schon besitzen wir sie in der Hoffnung.

Die Apostel sahen den Herrn gegenwärtig vor sich im Fleisch, und sie hörten die Worte aus seinem Mund und verkündeten sie uns; und so hörten wir, schauten aber nicht. Sind wir also weniger glücklich als jene, die sahen und hörten? Jene sahen, wir sehen nicht, und dennoch haben wir Gemeinschaft, weil wir den gleichen Glauben haben.

Ihr wart dem Alten verhaftet und habt mir kein Haus gebaut. Ihr lagt in Trümmern. Damit ihr aus dem alten Trümmerhaufen neu ersteht: Liebt einander!

Der Herr baut das Haus, unser Herr Jesus Christus baut sein Haus. Viele mühen sich am

Bau, aber wenn er nicht baut, „mühen sich umsonst, die daran bauen".

Wir sind das Haus Gottes. Im Glauben werden die Gläubigen gleichsam als Balken aus den Wäldern und als Steine aus den Brüchen gehauen. Wenn sie unterrichtet, getauft und erzogen werden, haben sie es in den Händen der Arbeiter und Handwerker schwer, sie werden geglättet und geschliffen. Aber Haus Gottes sind sie erst, wenn sie durch die Liebe verbunden sind.

Wir sind das Haus Gottes. Da dem so ist, wird in dieser Welt an uns gebaut, damit das Haus am Ende der Zeiten eingeweiht werden kann. Der Hausbau macht Mühe und Arbeit, die Weihe bringt Jubel.

Alle, die in der Kirche das Wort Gottes verkünden, mühen sich am Bau des Tempels unseres Herrn. Alle laufen, alle arbeiten wir, und alle bauen wir noch immer; auch vor uns liefen, arbeiteten und bauten sie. Aber „wenn der Herr das Haus nicht baut, mühen sich umsonst, die daran bauen".

Seite aus einer Handschrift von Augustins bedeutendstem Werk „De civitate dei" – „Der Gottesstaat" ▷

BEATISSIMI AVRELII AVGVSTINI:

DE CIVITATE DEI LIB: PRIMVS INCIPIT

ad Marcellinum

LORIOSISSI
MAM CIVI
TATEM DEI
SIVE IN HOC
TEMPORV
CVRSV CV
INTER IM
PIOS PERE
GRINATVR

ex fide uiuens: siue in illa stabilitate sedis aeternae qua
nunc expectat per patientiam quoad usque iustitia conuerta
tur in iudicium deinceps adeptura per excellentiam uictori
a ultima: & pace perfecta: hoc opere ad te instituto: & mea
promissione debito defendere aduersus eos qui conditori eius
deos suos praeferunt fili carissime Marcelline suscepi: ma
gnum opus & arduum: sed deus adiutor noster est. Nam
scio quibus uiribus opus sit: ut persuadeatur superbis: quanta
sit uirtus humilitatis: qua fit ut omnia terrena cacumina
temporali mobilitate nutantia non humano usurpata fas
tu: sed diuina gratia donata celsitudo eius transcendat. Rex
enim & conditor ciuitatis huius: de qua loqui instituimus
in scriptura populi sui sententiam diuinae legis aperuit: qua
dictum est: Superbis deus resistit: humilibus autem dat
gratiam. Hoc uero quod dei est superbae quoque animae spiritus
affectat: amatque sibi in laudibus dici: parcere subiectis & de
bellare superbos. Unde etiam de terrena ciuitate: quae cum
dominari appetit & si populi seruiant ipsa ei dominandi
libido dominatur. Non est praetereundum silentio quicquid

Die betende Kirche zeigt, daß sie auf dem ganzen Erdkreis unter allen Völkern nicht in großer Herrlichkeit dasteht, sondern in starker Versuchung.

Ihr sagt: wir haben üble und elende Zeiten. Lebt recht, denn durch ein gutes Leben ändert ihr die Zeiten. Habt ihr die Zeiten geändert, habt ihr auch keinen Grund mehr zu murren.

Sage mir, wohin ich soll, um dich zu sehen, und ich fasse Hoffnung, daß ich alles, was du mich geheißen, auch vollbringen werde. Nimm mich auf, ich bitte dich, der ich Zuflucht bei dir suche, Herr und milder Vater!

Ihr wollt Gottes Lob singen? Seid, was ihr singt! Ihr seid sein Lob, wenn ihr ein heiliges Leben führt.

VI

„Vom guten Gott Gutes geschaffen“

Gottes Schöpfung und der Mensch

Ich fragte die Weltenmasse nach meinem Gott, und sie gab mir zur Antwort: Ich bin es nicht, doch geschaffen hat er mich.

Siehe, da ist Gott, und siehe, da ist, was Gott geschaffen hat. Und gut ist Gott und weit und über alle Maßen trefflicher als das, was er geschaffen hat. Er hat nur Gutes geschaffen. Siehe nun, wie er dies alles faßt und füllt!

Alles, was Gott geschaffen hat, hat er in Weisheit geschaffen, und durch die Weisheit ist es gemacht worden. Alles, was Weisheit kennt und auch was sie nicht kennt, gehört zur Schöpfung Gottes, ist in Weisheit und durch die Weisheit geschaffen.

Gottes Hand ist Gottes Macht, und er wirkt auch das Sichtbare auf unsichtbare Weise.

Fragen wir, wer da schuf, so ist es Gott; fragen wir, wodurch er schuf, so ist es sein Wort; und fragen wir, warum er schuf, so hören wir: daß es gut war.

Gott konnte den Menschen kein größeres Geschenk machen, als daß er sein Wort, durch das er die Welt erschuf, zu ihrem Haupte machte und sie mit ihm als Glieder verband. So wurde er ein Gott mit dem Vater und ein Mensch mit den Menschen.

Da wir als Menschen nach dem Bilde unseres Schöpfers erschaffen sind, dessen Ewigkeit wahrhaftig, dessen Wahrheit ewig und dessen Liebe wahrhaftig und ewig ist, sollen wir durch alle seine Werke hindurchgehen, in uns selbst aber sein Bild schauen.

Von allem Sichtbaren ist die Welt das größte, von allem Unsichtbaren aber ist Gott das größte; daß die Welt ist, sehen wir; daß Gott ist, glauben wir.

Draußen laufen sie den Dingen nach, die sie geschaffen haben; und drinnen verlassen sie den, der sie selbst geschaffen hat, und so zerstören sie das Werk, zu dem der Schöpfer sie geschaffen.

Die tiefste Wurzel all des Großen deiner Schöpfung und deiner Kunst sah ich lange Zeit nicht, Allmächtiger, der du „alleinzig Wunderwerke tust".

Kein Urheber ist vortrefflicher als Gott, keine Kunst wirksamer als das Wort Gottes, kein Grund besser, als daß vom guten Gott Gutes geschaffen wurde.

VII

„Liebe, entzünde mich!"

Wenn du liebst, wohnt Gott in dir

Dein ununterbrochenes Sehnen ist deine ununterbrochene Stimme. Du schweigst, wenn du aufhörst zu lieben. Erkaltete Liebe ist Schweigen des Herzens.

Es gibt keinen, der nicht liebt. Nur fragt sich, was er liebt. Darum werden wir nicht aufgerufen, das Lieben aufzugeben, sondern zu wählen, was wir lieben wollen.

Ich bitte euch herzlich: Liebt mit mir! Lauft mit mir im Glauben! Laßt uns nach dem Vaterland da oben verlangen, nach der Heimat droben seufzen und innewerden, daß wir hier Pilger sind.

Die Liebe ist es, durch die wir lieben. Was lieben wir? Das unaussprechlich Gute, das Gute und Wohltuende, den guten Schöpfer alles Guten.

Bischof Augustinus predigt dem Volk ▷

Gott bietet sich in knappen Worten an. Er ruft uns zu: Liebt mich, dann besitzt ihr mich. Ihr könnt mich nicht lieben, wenn ihr mich nicht besitzt.

Wie können wir Freude am Herrn haben, wenn er fern von uns ist? Aber er soll nicht fern sein. Du machst, daß er fern ist. Liebe ihn, und er kommt nahe. Liebe, und er wohnt in dir.

Manchmal lieben wir, was nicht zu lieben ist. Wer aber das liebt, was wirklich zu lieben ist, haßt jene falsche Liebe.

Der Herr selbst, der Lehrer der Liebe, kam voller Liebe. Er setzte sein Wort auf der Erde durch und zeigte, daß an dem Doppelgebot der Liebe das Gesetz und die Propheten hängen.

Der Herr hat genau gesagt, worin die vollkommene Liebe besteht, die wir einander schulden: „Es gibt keine größere Liebe als die, daß einer sein Leben gibt für seine Freunde."

Die Liebe, die uns Jesus schenkt, macht uns neu, damit wir neue Menschen sind, die Erben des Neuen Bundes, die Sänger des neuen Liedes. Die Liebe schafft und sammelt aus dem ganzen über den Erdkreis verbreiteten Menschengeschlecht ein neues Volk, den Leib der neuvermählten Braut des eingeborenen Sohnes.

Zweierlei Liebe hat die beiden „Staaten“ begründet: den irdischen die Selbstliebe, die bis zur Verachtung Gottes geht, den himmlischen die Liebe Gottes, die bis zur Selbstaufgabe führt. Jener rühmt sich in sich selbst, dieser im Herrn.

Wer allein ruft uns zurück vom Tod des Irrtums als das Leben, das nichts vom Tode weiß, und als die Weisheit, die, selber keines Lichts bedürftig, in arme Seelen hereinleuchtet und die das ganze Weltgeschehen leitet bis herab zu des Baumes windbewegten Blättern.

Ich liebe dich, Herr, meiner Liebe voll und fest bewußt. Mein Herz hast du mit deinem Wort getroffen, und ich war dein. Aber auch Himmel und Erde und alles, was sie füllt – alles sagt mir, daß ich dich lieben soll.

Es liebt dich zu wenig, wer neben dir noch etwas anderes liebt, das er nicht deinetwegen liebt. Liebe, die du immer brennst und nie erlischst: entzünde mich!

VIII

„Mit Zunge und Stimme, mit Leben und Taten!“

Gott loben mit dem eigenen Leben

Das Sinnen unseres gegenwärtigen Lebens muß auf das Lob Gottes gerichtet sein, weil der ewige Jubel unseres künftigen Lebens im Lob Gottes besteht; und niemand kann für das kommende Leben geeignet sein, der sich jetzt nicht dafür übt.

Herr, sieh an, wir sind ja „deine kleine Herde“. Besitze du uns! Breite deine Flügel aus, und wir wollen uns darunter flüchten. Sei du unsere Ehre!

„Singt dem Herrn ein neues Lied.“ Ich höre, daß du singst. Aber das Leben darf nicht zeugen gegen deine Zunge. Singt mit der Stimme, singt mit dem Herzen, singt mit dem Mund und singt mit dem Leben.

Wir ermahnen euch, Gottes Lob zu singen. Das ist es, wenn wir alle einander sagen: „Halleluja.“ Lobt den Herrn! Du sagst es zu den anderen, und sie sagen es dir; und indem sie alle einander auffordern, tun sie schon alle, wozu sie aufrufen. Aber lobt aus ganzem Herzen: nicht nur eure Zunge und Stimme lobe Gott, sondern auch euer Gewissen, euer Leben, eure Taten!

Vieles reichst du uns, wenn wir dich darum bitten; und was wir Gutes empfangen haben, schon ehe wir darum baten, das haben wir von dir empfangen.

Dich rufe ich an, Wahrheit-Gott, in dem und aus dem und durch den alles wahr ist, was es Wahres gibt. Weisheit-Gott, in dem und aus dem und durch den alles weise ist, was Weisheit hat.

Keine Seele konnte je, noch wird sie jemals etwas denken können, das besser ist als du, der du das einzig beste Gut bist, hoch und herrlich über alles.

Verschwendung möchte für Großmut gelten. Doch der verschwenderische Spender aller Güter bist du. Habsucht will vieles besitzen, doch du besitzest alles.

Neid eifert um die Ehre des Vorranges; was hätte seinen Rang über dir?

Hochmut lügt Hoheit vor; der eine aber, der alles überthront, bist du, o Gott. Ehrfurcht will Würde und Prangen; du aber bist der Eine und Herrliche, der über allem und höchster Ehre würdig ist.

Nach einem langen Leben voll der schweren Mühsal wird eine Seele fähig, zum Antlitz Gottes zu gelangen und so selig zu werden in der Schau des körperlosen Lichtes und in der Teilnahme an seiner wandellosen Unsterblichkeit, die zu erreichen wir in liebender Sehnsucht brennen.

Wem gebührt der Jubel mehr als dem unaussprechlichen Gott? Denn er ist unaussprechlich, weil du ihn nicht sagen kannst. Kannst du ihn aber nicht aussprechen und darfst ihn dennoch nicht verschweigen, was bleibt dir dann übrig als zu jubeln? Das Herz freue sich also ohne Worte, und die ungemessene Weite der Freude soll an Silben keine Schranke finden.

Der heilige Augustinus und das Kind
(Legende vom Engel) ▷

Höchster, Edelster, Mächtigster, Barmherzigster, Gerechtester, Verborgenster und Gegenwärtigster, Schönster und Stärkster, Unerschütterlicher und Unfaßbarer! Du bist unveränderlich und veränderst alles. Niemals neu und niemals alt, erneuerst du doch alles.

Jeder fragt, wie er dem Herrn singen soll. Singt ihm, aber nicht schlecht! Er will nicht, daß wir seine Ohren beleidigen. Singt gut, Brüder!

Wir loben Gott in der Kirche, wenn wir uns versammeln. Wenn einer weggeht und sich seinen privaten Aufgaben widmet, hört er scheinbar auf, Gott zu loben. Aber er höre nicht auf, ein gutes Leben zu führen; dann lobt er Gott immer.

Jetzt laßt uns singen, nicht zur Freude beschaulicher Ruhe, sondern zum Trost in Trübsal. Wie die Pilger zu singen pflegen: Singe und gehe! Singend tröste dich über die Mühe, liebe nicht die Verdrossenheit. Singe und gehe!

Singen ist Sache der Liebenden; die Stimme dieses Sängers ist die Glut einer heiligen Liebe.

Gott, über dem nichts, außer dem nichts, ohne den nichts ist! Gott, unter dem alles, in dem alles, mit dem alles ist!

Anhang:
Stellennachweis

Die Worte von Augustinus sind folgender Übersetzung seiner Schriften entnommen:

Augustinus, Bekenntnisse und Gottesstaat, ausgewählt von Josef Bernhart, Alfred Kröner Verlag, Stuttgart o.J. (darin auch: „Alleingespräche")

Augustinus-Predigten, ausgewählt und übersetzt von Albert Schmitt, Wohlgemuth Verlag, Mannheim 1947.

Aurelius Augustinus, Die Auslegungen der Psalmen, ausgewählt und übertragen von Hugo Weber, Verlag Schöningh, Paderborn 1955.

Des hl. Kirchenvaters Aurelius Augustinus Vorträge über das Evangelium des hl. Johannes, übersetzt von Thomas Specht, Bibliothek der Kirchenväter: Augustinus Bd. IV–VI, Verlag Kösel, Kempten 1913.

Gott ist die Liebe. Predigten des hl. Augustinus über den ersten Johannesbrief, übersetzt von Fritz Hofmann, Verlag Herder, Basel – Wien, 3. Auflage 1954.

Die Abkürzungen im folgenden Stellenverzeichnis bedeuten:

B – Bekenntnisse („Alleingespräche": B S ...)
G = Gottesstaat
Jo = Johannesevangelium
1 Jo = 1. Johannesbrief
Pr = Predigten
Ps = Psalmenauslegung

Das Augustinuswort „Liebe und tu, was du willst" steht in den Predigten über den 1. Johannesbrief, 7. Predigt.

I

S. 11: B I/9
B II/7
G V/4
G V/3
S. 12: Ps 103, IV, 4
B II/4
B I/1
Pr 185
G V/7
G I/2
B I/9
S. 13: B I/19
B I/2
B II/5
B II/5
B II/5
S. 14: B I/1
B II/4
Pr 34, 1
S. 16: G XXII/30
Pr 21, 1

II

S. 17: B II/5
B I/7
B I/1
B I/1
S. 18: B S. 34
B I/1
Ps 37, 14
B I/4
Ps 34, 6
S. 19: B I/1
Jo 15, 25
B I/9
G III/2
B I/9
B I/1
G V/1
S. 20: B S. 31
B II/5
S. 20: B II/7
B S. 34
B II/5
S. 21: B II/5
Pr 171, 1
S. 22: B I/9
B II/6
B I/1

III

S. 23: B II/6
B I/18
G III/1
G II/3
G III/2
S. 24: G III/1
G II/2
G III/1
G III/2
S. 25: Ps 85, 3
G III/2
G III/2
G III/2
G III/2
B I/19
S. 26: Ps 85, 3
Pr 304, 1
B II/7
B II/7
S. 28: B II/6
B II/5
B I/22
G V/7
Pr 19, 2
S. 29: B I/2
B II/7
B II/7
G III/2
Ps 2, 8
S. 30: G I/4
B I/1
G II/4
1 Jo 3, 2
S. 30: 1 Jo 3, 2
S. 31: 1 Jo 3, 2
B II/5
B II/6
Ps 60, 3
S. 32: B II/5
G III/2
B II/6
B I/9
S. 33: B II/8
B II/7
G V/1
Pr 19, 2
B II/7
S. 34: Pr 19, 2
B II/7
B II/6
B S. 32
B I/22
Jo 34, 9

IV

S. 35: Pr 185
G I/5
B II/8
S. 36: G I/1
1 Jo 1, 1
1 Jo 1, 1
Pr z. Himmelf.
S. 37: Pr 13
Pr z. Himmelf.
Ps 109, 3
B II/8
B II/8
S. 38: Ps 103, IV, 3
Ps 85, 1
Pr 194, 3
B I/9
S. 39: Pr 185
S. 40: Pr 293, 3
Pr 293, 3
Pr 293, 3
Ps 48, 9

S. 40: Pr 23 A, 1
S. 41: Ps 85, 2
B I/9
Ps 140, 5
B I/9
Jo 84, 2
S. 42: Ps 60, 3
G X/6
B II/8
Jo 35, 9
S. 43: Jo 124, 7
Ps 95, 14
B I/1
Ps 103, IV, 4
Jo 26, 13
S. 44: B II/8
Jo 34, 9
Ps 85, 1
Jo 34, 8
Ps 109, 2
Jo 26, 4
S. 45: Ps 140, 5
Ps 109, 9

V

S. 46: Pr 23 A, 1
Ps 110, 9
Jo 17, 8
Jo 17, 9
Pr 171, 1
S. 47: G X/6
G V/4
Ps 95, 14
Jo 124, 5
S. 48: Ps 34, 6
Ps 34, 6
Ps 34, 6
G I/5
S. 49: Ps 95, 15
Ps 95, 15
Ps 85, 2
Ps 95, 15
S. 50: G I/5
S. 50: Pr 47, 12
Pr 304, 1
S. 52: B I/8
B I/9
G V/6
Ps 148, 2
G III/1
Ps 103, IV, 2
S. 53: Ps 103, IV, 3
1 Jo 1, 1
Pr 336, 1
Ps 126, 2
S. 54: Pr 336, 1
Pr 336, 1
Ps 126, 2
S. 56: Ps 60, 3
Pr 311, 8
B S. 34
Pr 34, 1

VI

S. 57: B II/1
B I/18
Ps 103, IV, 2
G II/4
G I/4
S. 58: Ps 85, 1
G I/5
G I/1
B II/6
S. 59: B I/10
G I/4

VII

S. 60: Ps 37, 14
Pr 34, 1
Jo 35, 9
Pr 21, 1
S. 62: Pr 34, 1
Pr 21, 1
S. 62: G I/5
Jo 17, 7
Jo 84, 1
Jo 65, 1
S. 63: G III/4
B I/18
B II/1
B II/6

VIII

S. 64: Ps 148, 1
B I/1
Pr 34, 1
Ps 148, 2
S. 65: B II/6
B S. 31
B I/18
B I/2
B I/2
S. 66: B I/2
G II/3
Ps 32, 1.8
S. 68: B II/4
Ps 32, I, 8
Ps 148, 2
Pr 256, 1
Pr 336, 1
B S. 34

Bildnachweis

S. 15: Der junge Augustinus:
Detail des Augustinusfensters in der Augustinerkirche in Erfurt, 14. Jh. Mit Genehmigung des Landeskirchenamtes der evangelisch-lutherischen Kirche in Thüringen.

S. 21: Landschaft bei Tagaste:
Foto: Jürgen Christern.

S. 27: Augustinus liest die Briefe des hl. Paulus:
aus dem Freskenzyklus von Benozzo Gozzoli, 15. Jh. S. Agostino, San Gimignano.

S. 39: Augustinus hört Ambrosius:
Ottaviano Nelli, 15. Jh. S. Agostino, Gubbio.

S. 51: Der heilige Kirchenvater Augustinus:
Michael Pacher (um 1435 – 1498), Kirchenväteraltar. Mittelteil innen. Alte Pinakothek, München. Foto: Joachim Blauel-Artothek.

S. 55: Seite aus „De civitate dei" („Der Gottesstaat"):
Manuskript „De civitate dei" von Augustinus, 15. Jh. Biblioteca Civica, Rimini.

S. 61: Augustinus predigt dem Volk:
Ottaviano Nelli, 15. Jh. S. Agostino, Gubbio.

S. 67: Der hl. Augustinus und das Kind:
Peter Paul Rubens: St. Augustin. Prado, Madrid. Foto: Bildarchiv Foto Marburg.
(In dieser Legende geht Augustinus am Meer spazieren und begegnet einem Kind, das sich bemüht, mit einer Muschel Wasser aus dem Meer in ein Loch zu schöpfen, das es in den Sand gehöhlt hat. Augustinus wundert sich über dieses vergebliche Unterfangen, und das Kind, das sich als Engel erweist, erwidert ihm: „Es wäre für mich leichter, das Meer in dieses Loch zu gießen, als für dich, auch nur den kleinsten Teil des Dreifaltigkeits-Mysteriums zu erklären.")

Wir weisen auf das empfehlenswerte „steyl tonbild Nr. 308, Augustinus, Das brennende Herz" hin, erschienen bei steyl-medien, München.